Sobrevivientes

El Proceso de Recuperación del Abuso Sexual

Yoana Cataño

ISBN 9798394977572

Información de la Autora

Yoana es psicóloga y escritora colombiana. Con amplia experiencia en evaluación y tratamiento en salud mental con personas involucradas en situaciones de abuso sexual, depresión, trastornos del comportamiento y trauma. Ha desempeñado diferentes roles dentro del campo de la psicología clínica, forense y pediátrica, además del ejercicio en trabajo social.

Especialista en Psicoterapia con enfoque sistémico de la Universidad de Manizales, Colombia.

Master en Psicología Clínica y de la Salud de la Universidad Europea del Atlántico, España.

Master en Psicología de la Salud de la Universidad Iberoamericana de México.

Master en Clinical Counseling con enfoque Cognitivo-Conductual de Assumption University, Estados Unidos.

Dedicado a todas aquellas personas sobrevivientes de abuso sexual, que se han aventurado al proceso de recuperación.

Contenido

Prólogo

La autora de este libro, a quien conozco desde el ámbito personal y profesional, se ha dedicado al trabajo con víctimas de delito sexual durante varios años. Esto le ha permitido hablar con seguridad y certeza sobre el tema, aportando reflexiones importantes sobre las secuelas y la recuperación de la violencia sexual. A través de las técnicas utilizadas en sus procesos terapéuticos, no solo en niños sino también en adultos, ha conseguido intervenciones exitosas, con sentido humano y ético desde la persona, y desde su profesión.

Esta experiencia la lleva hoy a la construcción de este libro "Sobrevivientes", que esperamos que se convierta en el primero de muchos más. Este libro le brinda al lector, la posibilidad de comprender el proceso de recuperación con un lenguaje claro y profesional, con una intención psicoeducativa, convirtiéndose también en parte del proceso terapéutico.

Este libro ayuda al lector a identificar sus cambios y darse cuenta que, aunque es doloroso, hacen parte del proceso de recuperación y tienen una intención adaptativa. Asimismo, aborda temas que son necesarios como el proceso legal y la victimización secundaria, todo enmarcado en el deseo profesional de llevar a los sobrevivientes a recuperar la esperanza y sentir que no están solos.

Cada capítulo brinda elementos claves para la comprensión de la diversa respuesta traumática y permite identificar en qué momento se debe buscar o no la orientación profesional, para minimizar el impacto negativo; resaltando que el proceso terapéutico es diferente en cada persona.

Finalmente, su lectura deja ver la necesidad de pasar de hablar un tema, desde lo privado a lo público, siendo respetuosa por el sentir de todas aquellas personas sobrevivientes, que llevan una cicatriz en su vida, pero tuvieron el valor sanar.

Andrea Gutiérrez Salazar
Terapeuta, compañera y amiga

Introducción

El abuso sexual, en cualquiera de sus formas, con contacto, sin contacto, intrafamiliar o extrafamiliar, ha sido ampliamente estudiado. Sin embargo, todos los estudios coinciden en lo mismo: no todos los casos son reportados.

La mayoría de las víctimas son menores de edad, y si el abuso es descubierto, se pueden iniciar los protocolos de atención, e incluso lograr tratamiento y recuperación.

Sin embargo, en los casos donde el abuso no es descubierto, o es encubierto por la familia, o cuando ocurre en la adultez y aparentemente difícil de creer, la recuperación se vuelve tediosa.

El abuso sexual trae consecuencias a corto, mediano y largo plazo. Problemas como depresión, consumo de sustancias, problemas con el apego o el establecimiento de relaciones interpersonales, entre muchas otras consecuencias que pudieran derivarse del abuso sexual, empiezan a aparecer. Incluso problemas médicos, ya que el cuerpo puede manifestar lo que no se dice con palabras.

Pero el principal problema, es que el abuso sexual se sufre en secreto, en intimidad, casi nunca hay un testigo, solo la víctima y el agresor. Hablar de abuso sexual es vergonzoso, casi prohibido, existen y existirán situaciones que nunca van a hablarse. Pero el cerebro, no puede callarse.

El cerebro procesa todos los aprendizajes, buenos y malos, incluyendo los eventos traumáticos. Por lo tanto, a veces es necesario reorganizar la información aprendida de una manera funcional o de una manera útil, para que la vida retome su curso.

No es un secreto que acceder a servicios de salud mental, no es fácil. Algunas veces por el temor a ser juzgados, porque desconfían de los servicios, por condiciones económicas, o por falta de tiempo.

Otras veces los tratamientos no son completos, porque las aseguradoras tienen limitada la cantidad de sesiones, los profesionales tienen poco conocimiento sobre el área, hay cambios abruptos en el proceso, entre otros. Cualquiera que sea el caso, muchos sobrevivientes son dejados en su propia búsqueda de recuperación.

En este libro encontrarás una idea general del proceso de recuperación. No pretende reemplazar la terapia, ni la atención especial personalizada, pero es una guía de orientación, diseñada especialmente, para aquellos que quieren comprender el proceso de sí mismos, de un ser querido, o de sus propios clientes en la terapia.

Espero que este libro aporte en la comprensión general del abuso sexual y su proceso recuperación.

Primer Capítulo: ¿Qué es lo que pasa?

Hablar del abuso sexual, no es fácil, requiere de esfuerzo, de ganas, de intención de cambiar, a veces, quizás, de estar cansados de lo mismo; pero trae consecuencias positivas para la vida, el primer paso es poder entender lo que sucedió.

En este caso queremos empezar con insistir en el cambio del término de víctima por el de sobreviviente, muchos otros autores lo han mencionado, porque entendemos que, en el proceso lo que ocurrió fue terrible, pero ya pasó, y estás vivo o viva. Lo que implica que has podido sobrevivir.

Un sobreviviente es aquel que empieza un nuevo camino, aquel que tiene una nueva oportunidad para salir adelante, para reconstruir a pesar del dolor. No eres la única víctima no eres el único sobreviviente.

El abuso sexual ocurre diariamente y a las personas de todas las edades, de cualquier género, en cualquier condición social o económica. Éste ocurre por parte de personas conocidas o desconocidas.

El abuso sexual tiene muchos nombres: delito sexual, violencia sexual, incesto, violación, pornografía infantil, etcétera. El abuso sexual puede darse con contacto físico a través de tocamientos o uso de la fuerza, o engaño, o beneficios como poder o dinero; pero también puede darse sin contacto físico, esto incluye: acoso sexual, exhibicionismo, e incluso la distribución de fotografías íntimas sin previo consentimiento.

Las personas pueden ser víctimas en una sola ocasión, algunos han perdido la vida a partir de agresiones violentas, pero también pueden ser sometidas en muchas ocasiones, por el mismo agresor o por diferentes agresores. Existen abusos sexuales que se perpetúan en las familias, años y años de agresión y en ocasiones pasan de generación en generación.

El abuso sexual puede generar consecuencias físicas, incluyendo embarazo, enfermedades, o lesiones. También puede generar un daño a nivel psicológico y este se puede presentar en diferentes maneras.

Dos personas pueden ser víctimas de la misma forma y pueden desarrollar secuelas diferentes, lo cual depende de muchos factores, entre ellos: la personalidad, la comprensión del hecho, la edad, el apoyo familiar social o de la comunidad, entre otros. Esto es lo que llamamos recursos emocionales, personales, o sociales, es decir, aquello con lo que cuentas, para enfrentar cualquier situación difícil.

Algunos estudios han demostrado que pueden existir personas que no presenten consecuencias o que han sido transitorias. En este caso, los elementos que la persona ha utilizado para sobrevivir, han sido más fuertes que el daño ocasionado por la agresión.

En otros casos, las secuelas pueden ser incrementadas o disminuidas, dependiendo de la manera en que fue revelado el abuso sexual. El apoyo inmediato y la credibilidad del grupo cercano, ayudan a la disminución de secuelas. Pero en otros casos, la reacción al evento puede empeorar las consecuencias.

Por ejemplo, un descubrimiento abrupto del hecho bajo una reacción violenta, el señalamiento por parte de la familia, la participación de autoridades legales, la falta de credibilidad, la publicación del evento abusivo, separaciones de los miembros, entre muchos otros.

Pero en muchos casos, el abuso sexual no se revela, nunca nadie se entera, por lo tanto, el sobreviviente es el único que vive sus crisis. A veces no es consciente de lo que ocurre, y aparecen otros problemas bajo inestabilidad emocional, problemas con el apego, quizás cortándose o aislándose, o quizás la presencia de un trastorno mental como depresión o ansiedad.

Sin embargo, desde la individualidad, solo la persona podrá saber si requiere ayuda, o si logra superarla con sus propios recursos. La afectación quizás no es inmediata, puede aparecer en otros momentos de la vida. Si es en la infancia que sucedió el abuso sexual, quizás aparezcan secuelas en la adolescencia, o al momento de establecer relaciones afectivas, o quizás en la adultez, cuando un familiar cercano es víctima de esta misma agresión.

En muchas ocasiones, recibimos casos de niños o niñas sobrevivientes, pero quien tuvo la mayor afectación, fueron el padre o la madre, quienes reactivaron su propia experiencia de abuso sexual. Y es entonces cuando las memorias y de recuerdos empiezan a hacer su efecto.

Para facilitar la comprensión del posible daño. Vamos a analizar juntos algunas categorías:

Trastorno de estrés postraumático

Es común encontrar que, algunos casos presenten un trastorno de estrés postraumático o TEPT, este trastorno incluye presentación de sueños o recuerdos recurrentes del hecho, el cerebro plantea y replantea diferentes maneras de reaccionar a la situación o quizás empiezan a aparecer otros pensamientos que hacen daño y que pueden deteriorar el funcionamiento regular en la vida de las personas.

También con este trastorno las personas tienden a evitar todo lo que se relaciona con el abuso sexual, incluyendo evitar lugares que recuerden el hecho, personas que parezcan similares, evitar el contacto en relaciones íntimas y en algunas ocasiones, evitar recordar el hecho que aparentemente es un olvido.

Esta evitación lleva al aislamiento o pérdida de contacto con personas que eran significativas, y con ello, la aparición de otros síntomas como emociones negativas, tristeza, irritabilidad, miedo, problemas de concentración, alteraciones en el sueño, entre otros.

A nivel cerebral

Muchos estudios han demostrado la cantidad de deterioro que puede aparecer después de un evento de abuso sexual, o de eventos recurrentes. Pueden existir cambios a nivel cerebral, ya que el cerebro se enfrenta a una situación de terror, y reacciona con los elementos que tenga a su alrededor.

La adrenalina, el cortisol y otras hormonas saturan nuestro sistema. Esta afectación neuropsicológica, impacta el desarrollo de la persona y puede causar efectos en el desarrollo cognitivo, que hace parte del desempeño académico o en general del aprendizaje, como la atención, la concentración, la memoria, u otros. y pueden aparecer trastornos psicológicos como se explica a continuación.

Una afectación cognitiva, puede llevar a la percepción distorsionada de la realidad, esto implica, evaluar negativamente todo lo que sucede alrededor, como una actitud pesimista "siempre me pasan cosas malas", o generalizar la agresión "todos los hombres son malos".

También puede aparecer la disociación, que es como una desconexión, una ruptura con la realidad, en donde la persona busca protegerse del terror con una distracción en segundos. Si es tan dolorosa la realidad, es mejor dejar la mente volar o divagar en cosas diferentes.

En algunos casos, pareciera que estuviera por fuera de su cuerpo, lo que parece como un estado de ausencia y la persona puede simplemente notarse distraída.

Pueden pasar no solamente durante el hecho de agresión, sino en diferentes momentos de la vida cotidiana, donde la persona tiende a distraerse para evadirse de momentos estresantes.

Cuando la mente se convence de que vive en un mundo que es peligroso, que no cuida, o no protege, pueden aparecer comportamiento de regresión como enuresis o encopresis, que implica que se pierda el control de esfínteres, después de haber sido logrado. Esto es más común en niños pequeños o personas con discapacidad mental. Porque implica que regresarse a ser un bebe, parece más seguro, que continuar creciendo.

Comportamiento y ocupación

También existen consecuencias a nivel conductual, se cambian actividades, puede haber pérdida del apetito, del sueño, o al contrario un aumento del apetito o sueño.

Presencia de comportamientos agresivos, autolesiones, rechazo o incremento del contacto físico, comportamiento hiperactivo o asilado.

Cambios en el comportamiento sexual son comunes en los sobrevivientes. Puede aparecer un comportamiento sexual desinhibido, exagerado, precoz, o rechazo a todo lo relacionado con la sexualidad, confusión en la identidad sexual o roles de género que pueden ser transitorios.

Estos cambios en el comportamiento pueden afectar la función ocupacional. Por ejemplo, en niños puede aparecer la parentalización temprana, o un sentido de responsabilidad, de criar a sus hermanos menores o atribuirse funciones parentales.

En adultos puede afectarse la autopercepción de la productividad, y la capacidad de desarrollar actividades exitosas, entre ellos, cumplir con roles que han sido asignados, incluyendo responsabilidades en el trabajo, cambios en roles familiares

Secuelas emocionales

Las secuelas emocionales implican la afectación más visible para el sobreviviente y se desarrollan con mayor precisión en el capítulo dos.

Es necesario mencionar de nuevo que no todas las personas reaccionan de la misma manera, ante la misma experiencia. Algunas personas pueden sufrir anestesia emocional, que implica la ausencia de reacción emocional ante el hecho. Otros, en ocasiones, pueden retardar la aparición de síntomas hasta que se sientan seguros de expresarse emocionalmente.

La tristeza y la ira parten de la concepción de daño en el abuso sexual. Una vez que la persona comprende el hecho, y se asume a sí mismo como víctima, aparecen estas emociones, la tristeza por la pérdida y la ira por la vulneración a sus límites y la falta de poder.

El abuso sexual, ha sido uno de los mayores predictores de desarrollo de psicopatología en la edad adulta, esto incluye que las alteraciones a nivel emocional, pueden llevar al desarrollo de psicopatología como la depresión, como un estancamiento de la tristeza, o trastornos sociales con uso de violencia, en especial si la ira no logra resolverse, o si existe un fuerte deseo de venganza.

El abuso sexual puede traer también, una alta carga de culpabilidad, bien sea porque el agresor mismo hizo comentarios acerca de su responsabilidad "es que usted es muy bonita", o bien sea porque el sobreviviente, en su afán de explicar lo que pasó, busca mil maneras de señalar lo que pudo haber hecho para evitar estos hechos.

La culpa puede venir con estigmatización o mitos, por ejemplo, que los sobrevivientes son culpables cuando entienden lo que es el contacto sexual.

Las propias ideas o señalamientos, que hacen pensar que ya todo está destruido, que es una persona dañada e irreparable. Esta sensación de daño puede llevar a la presencia de ansiedad, como una percepción negativa del futuro, de lo que no va a ser capaz.

Otra emoción común en el abuso sexual, es el miedo. el miedo que se desarrolló a partir de la agresión y que puede perpetuarse en la persona. El miedo puede afectar la vida diaria, con terrores nocturnos, pesadillas o presencia de recuerdos intrusivos o flashbacks.

El estancamiento en el miedo, puede llevar a desarrollo de algunos trastornos, incluyendo el TEPT, fobias u otros problemas de ansiedad.

Otra emoción es la empatía, la cual es entendida como una capacidad emocional de conectarse con los otros o con los sentimientos de los demás, que implica compasión, la comprensión y la ayuda.

La empatía empieza a desdibujarse cuando el sobreviviente analiza que a pesar de ser buena o bueno, nunca fue protegido, o que a pesar de ser merecedor de afecto nunca le quisieron suficiente para ayudarle, en especial si recibió la agresión por parte de una persona amada. Esto lleva a asumir que no hay bondad en el mundo.

Esta pérdida de la empatía, es peligrosa para la interacción social. La persona puede demostrar pérdida del interés cotidiano por el otro, se dificulta la conexión emocional entre amigos, familiares, parejas o cualquier persona, incluyendo los hijos. Y en el peor de los casos, puede justificar la presencia de conductas agresivas o destructivas.

Finalmente, un sobreviviente puede atravesar por ambivalencia emocional, que es una mezcla de sentimientos positivos y negativos contra el agresor. Especialmente cuando el agresor es parte de la familia.

Por ejemplo, si el agresor ha sido el padre, y el hijo o la hija le ha idealizado como figura de afecto. Cuando ocurre la agresión, se presentan sentimientos encontrados. Es como quererle decir: "te quiero, pero no me vuelvas a hacer eso", es decir, existe un rechazo hacia la agresión, pero siguen existiendo sentimientos de amor hacia el padre.

Es mucho más complejo, cuando el sobreviviente se enfrenta a denuncias legales, porque implica perder a un ser amado, por su propio testimonio. Por esto es común encontrar retractaciones o incoherencias en la revelación, porque la ambivalencia es la principal afectación emocional.

Esta ambivalencia, cuando no se resuelve, afecta el apego, la vinculación, e incluso puede estar asociado con disociación; porque se anestesia emocionalmente, para no resolver el dilema, cambia la capacidad de actuar porque se ubica a la persona entre lo que quiere hacer y lo que debe hacer.

Consecuencias en lo social y familiar

A nivel familiar las consecuencias son tan variables como en los sobrevivientes y dependen del tipo de relación que se ha tenido con el sobreviviente, desde antes de la presentación de los hechos. Varían desde el tipo de agresión, cuando el abuso es intrafamiliar o extrafamiliar, si hay credibilidad o no, y si existen antecedentes de agresiones en la familia.

La familia como factor protector, puede facilitar la recuperación, en especial cuando es reconocida por el sobreviviente como un factor de apoyo.

Los casos de incesto presentan mayores alteraciones por el complejo entramado familiar en el que se desenvuelve. En algunos casos se presenta el síndrome de acomodación al abuso sexual, que implica que la agresión se vuelve reiterada en el tiempo, y se vuelve parte de la dinámica de secreto de la familia.

En este caso la persona se acomoda desarrollando múltiples problemas para la revelación, como un sacrificio para que la familia no se destruya.

En otros casos, pueden existir víctimas secundarias, es decir, el abuso no solamente afecta a la víctima o a la persona que lo vivenció, sino que afecta al cuidador, la madre o el padre, o incluso amigos cercanos, quienes puede sentir igual o peor afectación en diferentes áreas, por la vulneración hacia el sobreviviente.

Otro fenómeno que se puede observar en la familia, es la presentación de abusos sexuales intergeneracionales, es decir, que padres madres o abuelas tíos y otras personas han sido víctimas de abuso sexual. Muchos de estos abusos no fueron resueltos, y a veces ocurren por parte del mismo agresor.

Por lo tanto, cuando se presenta un nuevo abuso sexual en estas familias, naturalizan el evento, es decir pueden mencionar frases como: "a mí también me pasó y aquí estoy, no me ha pasado nada", o "yo le dije que no se le acercara a su tío, porque él tiene ese vicio".

A nivel social, existen otras consecuencias. Los sobrevivientes han sido señalados como victimas durante muchos años, lo que implica que han sido dañados, lesionados, o parcialmente inservibles.

El abuso sexual sigue siendo un tema prohibido y, por lo tanto, se mantiene en la secretividad. Lo que implica que haya cambios en la manera como los sobrevivientes se relacionan con el entorno.

¿Cómo se comporta una persona que tiene un secreto?, quizás es difícil formar relaciones cercanas de calidad, pero ¿Qué pasa cuando la sociedad no le permite revelar su secreto? Muchos sobrevivientes han debido enfrentarse a los señalamientos sociales.

En la era de la tecnología, muchos abusos sexuales han sido grabados y distribuidos, exponiendo a los sobrevivientes a comentarios en el entorno, lo que agudiza las consecuencias en todas las áreas.

Por otro lado, están las consecuencias sociales que se derivan de la condición legal. Como el abuso sexual es un crimen en la mayoría de los países, con diferentes variaciones. Es común que el sobreviviente sea sometido a procesos legales y jurídicos que parecen no terminar.

El sobreviviente se enfrenta a recurrentes entrevistas, investigaciones, pruebas, entre otras, que en ocasiones le hacen sentir que entra a un mundo de criminales. Puede ser analizado para saber si miente, su testimonio puede ser evaluado, o interrogado en varias ocasiones, para aclarar la verdad.

A veces el deseo de venganza prima en la familia o en la víctima, a veces confía en su recuperación en la justicia. Por lo que el sobreviviente permanece fuerte y colaborativo con el proceso. En otros casos la víctima prefiere negar los hechos, como un sacrificio para no ver a su familiar en la cárcel, en especial, cuando es el proveedor económico del hogar.

Pero en muchos casos, enfrentar el proceso penal, puede llevar a un mayor deterioro para la persona y la familia. En la mayoría de los casos, la condena al agresor, no cambia el dolor emocional, puede satisfacer el deseo de venganza, e incluso la necesidad de justicia. Pero nunca será suficiente para reparar el daño.

En otros casos, el resultado del proceso legal termina en favor del agresor. Lo que implica probable acentuación de las consecuencias, en especial si prima el sentimiento de venganza.

El primer paso

La idea de presentar inicialmente las consecuencias y las condiciones en las que se presenta el abuso sexual, es ayudar al sobreviviente a entender que este fenómeno no es un caso aislado, que existen miles y miles de sobrevivientes, algunos han podido hablar de este hecho, algunos nunca lo hablarán, sin embargo, no queremos que sigan sucediendo abusos por falta de conocimiento sobre estos hechos.

Muchas terapias empiezan con psicoeducación, porque el primer paso de comprender el fenómeno, es el primer paso para ayudar al rompimiento de la cadena de abusos.

Un abuso sexual que ha sido resuelto y la víctima se ha recuperado, ayuda a que se disminuya el riesgo en la descendencia, a que las familias no tengan que atravesar por las mismas situaciones, porque existen otros factores de prevención y de protección que van a ser instaurados en la persona y en la familia.

Hablar abiertamente con los hijos sobre los riesgos, con amigos, o con familia, lleva que más personas puedan estar prevenidas frente a cualquier hecho de abuso sexual, ya que algunos agresores sabrán que este fenómeno no es secreto, y que las personas conocen y reaccionan ante cualquier riesgo.

Existen muchas otras consecuencias, y aún continúa el estudio sobre el impacto que generan estas situaciones traumáticas para muchos de los individuos. Podríamos escribir todo un libro acerca de las secuelas que pueden derivarse de un abuso sexual, pero lo más importante, es que el sobreviviente pueda comprender, que los cambios que han aparecido, pueden ser normales para personas que han sobrevivido a un abuso sexual.

De igual forma, la comprensión de este fenómeno, lleva al sobreviviente a analizar si requiere ayuda terapéutica o si puede resolver sus síntomas con sus propios recursos, incluyendo el apoyo de literatura. Lo más importante de todo esto, es entender que no todas las personas desarrollan las mismas consecuencias, que no todas las personas desarrollan secuelas y que existen muchas posibilidades para alcanzar una recuperación total.

Segundo Capitulo: Lo que se siente

Las emociones son sin duda, el eje principal de cualquier funcionamiento psicológico. Una persona que ha sido sobreviviente a un evento traumático, entenderá que las emociones pueden estar desbordadas o ausentes. Y esto, es lo que mayor genera inconformidad o insatisfacción consigo mismo.

El segundo paso en el proceso de recuperación, es reconocer cuales son las emociones que predominan. Ponerle un nombre a lo que se siente, ayuda a retomar el control sobre sí mismos. Quizás no es fácil identificar lo que se siente, pero es una tarea en la que se puede ayudar a través diferentes técnicas.

Si se tiene poco conocimiento sobre las emociones, el sobreviviente o quien sirve de apoyo, puede buscar una lista de emociones. Estas son de fácil en acceso en internet y algunos incluyen listas enormes, pero no se requiere ir una a una, solo se necesita seleccionar algunas emociones que identifiquen lo que sucede.

Una vez identificadas las emociones, debe asignárseles un nivel de intensidad y recurrencia, es decir, qué tan frecuente se siente y qué tan fuerte es ese sentimiento.

Esto es necesario hacerlo, tanto con adultos, como con niños. Al realizar el diagnóstico emocional, se puede identificar cuáles emociones sobresalen, para darle prioridad al abordaje, por ejemplo, a veces el sobreviviente puede reconocer la tristeza como la emoción que predomina, pero otro caso puede estar cargado de ira, y necesita resolverla primero, para poder avanzar hacia otras emociones.

Otra estrategia, es el uso de un diario o un cuaderno de notas. Allí se escriben pensamientos, emociones, eventos, y todo lo relacionado con la afectación diaria. Sabemos que las emociones siempre están conectadas con los pensamientos, por ejemplo, un sentimiento de tristeza puede aparecer después de pensamientos cómo "no sirvo para nada", "nadie me quiere", "todo lo hago mal".

Un diario puede ayudar a ir reconociendo cuáles son los pensamientos más constantes y cuáles son las emociones que se van presentando con mayor frecuencia.

Vamos a revisar a continuación algunas estrategias para las emociones principales, aclarando que pueden existir otras emociones y otras estrategias que varían con la individualidad de cada sobreviviente.

La culpa

En la mayoría de los casos de abuso sexual, la primera emoción que resalta es la culpa. La culpabilidad está relacionada con la pérdida del poder. ¿Cuántas veces nos imaginamos todo lo que pudo haber sido, todo lo que pude haber dicho, lo que pude haber hecho?

El sobreviviente trata de imaginar o fantasear controlable, una situación que por sí misma, es incontrolable. Bien sea, porque la edad de la persona no le permitía la maduración suficiente para responder, o porque la agresión disminuyó la capacidad de reacción de la persona, incluyendo el uso de otros elementos de poder, como el dinero, la posición laboral, escolar, el género, u otros.

Un ejercicio que ayudó a muchas víctimas sobrevivientes a librarse de esa culpa, es el diálogo continuo acerca de esos pensamientos; por ejemplo, reflexionar sobre lo que pudo haber sido, encontrarle la validez a esa idea o a los planes alternativos y entender por qué no hubieran sido suficientes.

Aquí discutiremos algunos motivos que ayudaran a comprender por qué la culpa no va en el sobreviviente.

La culpa tiene muchos matices. El sobreviviente puede sentirse culpable porque le agradó la sensación, pero esto no tiene nada de anormal, nuestro cuerpo está preparado para reaccionar ante las caricias a veces incluso cuando provienen de situaciones indeseadas.

Algunos pueden sentirse culpables por haber sido mayores, porque eran hombres, porque consumieron alcohol o drogas, porque ya habían sido advertidos, porque decidieron encontrarse con un extraño, porque confiaron demasiado, porque no quisieron decir o porque dijeron, entre muchos otros.

Podemos escribir estos pensamientos, buscarle puntos a favor y en contra, con el objetivo de comprender que esta carga es innecesaria y que tiene mucho más valor el aceptar que no hay manera de rehacer lo que pasó, solo hay manera de construir lo que viene.

Es cierto que, en muchos casos, la reacción ante el abuso sexual pudo haber sido diferente. Naturalmente, nuestro organismo está preparado para luchar o huir ante una situación de estrés.

Cuando nuestros cuerpos no están preparados para luchar, por ejemplo, en el sometimiento de un abuso, entonces el cuerpo busca huir, y esa huida se puede hacer mentalmente. Esto es lo habíamos mencionado como disociación o incluso puede parecer como "congelamiento".

Cuando la persona se disocia y no reacciona como se espera, muchas personas podrán juzgar a la víctima porque "se dejó" o "no huyó", pero realmente ninguna de estas falsas creencias sociales, explica cómo la persona pudo sobrevivir ante una situación de terror.

Sin embargo, el problema radica, no solo en lo que creen los demás, sino cuando, días después o años después, el propio sobreviviente se juzga a sí mismo, por la manera en que reaccionó, por la manera en que no se protegió o no protegió a sus seres queridos.

Miles de sobrevivientes atraviesan por esta misma situación, son señaladas y cuestionadas por su actuación. Pareciera que, como sociedad, le quitamos la responsabilidad a los agresores. Y lo cierto es que la única persona responsable del abuso, es el agresor.

¿Cuándo se justifica que una persona que ha sobrevivido a un huracán sea culpable?

Para sanar la culpa es necesario valorar todo lo que se ha hecho para sobrevivir, para continuar la vida, sea cual sea el caso, habrá muchos elementos positivos que han mantenido al sobreviviente funcional en su medio.

La ira

La ira es otra emoción que se torna difícil de resolver naturalmente, después de un evento de abuso sexual.

Existe una teoría antigua que habla del Eros y el thanatos como dos instintos básicos del ser humano, una proviene de la fuerza sexual y la segunda de la fuerza de la muerte. De la fuerza sexual viene, además de muchos otros, la vida. De la fuerza opuesta viene la autodestrucción, de allí la fuerza de la ira o los sentimientos de venganza.

La ira es entonces una emoción primaria, que existe en los animales, en niños pequeños, porque es requerida en la conservación de la especie. Ésta habilita para la acción, la protección de lo suyo, incluyendo la familia o su propio cuerpo. Por ser instintiva, necesita ser moldeada para adaptarse a vivir en sociedad.

La ira también tiene muchos matices, a veces es visible y violenta, otras veces simplemente lleva a la persona a tornarse irritable, es decir, se molesta por la más mínima situación, una conversación, un comentario, una actitud, un gesto, entre otros.

Pero la ira no solamente se manifiesta de manera externa, a veces, la ira se queda encubierta y hace daño a sí mismo.

La ira puede convertirse en autoagresión, una agresión hacia el cuerpo por haberse comportado de la manera en que lo hizo o por haber sido el objeto de la agresión, por ejemplo: "si yo no tuviera este cuerpo, no me hubiera pasado esto".

Quizás cortarse o lesionarse distraiga la tensión emocional, pero no resuelve la emoción. Si la ira lleva a pensar y a planear el suicidio, es necesario buscar ayuda profesional. la ira es una emoción fuerte y puede descontrolarse.

De igual forma, cualquier pensamiento que lleve a planear agredir a otros, requiere ayuda profesional. De nada vale desquitarse del agresor si terminas siendo tú, quién cumple la condena.

Alguien dijo una vez, la ira es un veneno que nos tomamos nosotros mismos, para hacerle daño a otros. Esto implica que, a partir de la ira, se pueden desencadenar múltiples problemas psicosomáticos, como la aparición de enfermedades médicas o de síntomas en el cuerpo, sin razón aparente.

La ira, a diferencia de otras emociones, requiere mayor esfuerzo para resolverse, porque en muchas ocasiones, no solo se resuelve a partir de la conversación, se necesita actuar. El cuerpo es el que está sufriendo físicamente toda la carga, por lo tanto, la actividad física es necesaria para drenar la tensión acumulada.

El cuerpo entonces, necesita moverse, necesita entrar en acción, a veces tan extremo como practicar el boxeo, a veces tan simple como caminar. Pero siempre conectar la ira con la actividad física corporal.

En algunos momentos es positivo realizar una visualización de la fantasía de castigo, que permite desahogar esta sensación, para poder pasar a lo esencial qué es la recuperación. La fantasía de castigo, también funciona con niños pequeños, pero en un juego de roles, como estrategia para resolver el problema, y darle un justo castigo, en sus propios términos, al agresor.

En muchos casos, los niños pueden asignar castigos adaptados a su edad, por ejemplo "una semana sin televisión". Y aunque no parezca justo para el   que observa, la dureza no es lo que importa, sino encausar los sentimientos y ponerles un fin.

La ira es una emoción esperable ante una situación de abuso sexual. Cualquier persona puede sentirla en las mismas circunstancias. Pero se sabe que las personas con un mayor autocontrol, pueden canalizar la ira de manera adecuada.

La ira puede ser tan dañina para los demás como para sí mismos, pero hay que dejarla pasar, hay que permitirse sentir y resolverla, porque la ira puede durar toda la vida, se queda en resentimientos y el cuerpo es quien lo sufre.

La ira puede estar dirigida hacia la persona equivocada, como se mencionó, puede estar dirigida hacia sí mismos, pero también puedes estar dirigida a una madre que no protegió, puede ser dirigida a un compañero, a un fenómeno, al día, al vestido, al trabajo, etcétera.

Es necesario dirigirla hacia el lugar que corresponde: a la agresión o el delito. En este sentido escribir todos los pensamientos negativos hacia la agresión o el agresor y después destrozarlos. Esto ayuda liberando estos sentimientos y canalizándolos directamente a lo que necesitan, hacia la recuperación. Puede repetirse las veces que sea necesario hasta que se sienta que la ira va disminuyendo.

Unido a la ira, aparece la ambivalencia afectiva. La ambivalencia es una mezcla de sentimiento de ira junto con el amor.

Aunque parezca imposible, se pueden sentir emociones de odio y amor hacia una persona, se puede mezclar los sentimientos y pueden resultar altamente estresantes para la persona, pues la reacción podrá mantenerse pasivo-agresiva y traer más confusión.

Está demostrado que el abuso sexual no limita el mantenimiento de una relación de cordialidad. Por ejemplo, en el síndrome de acomodación, los menores continúan con una relación afectuosa con sus agresores.

No obstante, es necesario resolver esta ambivalencia. Para resolver estos sentimientos, es importante diferenciarlos, aclarar cuáles son los aspectos que se quieren o que agradan del agresor y cuáles son las características que le disgustan de esta persona, y reconocer cómo esta ambivalencia afecta la relación diaria.

La ambivalencia afectiva también se observa en las madres de niños afectados por el abuso sexual. Esto puede ser una explicación a la falta de protección que sienten algunos hijos al recibir mensajes contradictorios, pues la madre está atrapada entre emociones opuestas.

Finalmente, la ambivalencia afectiva puede relacionarse con la retractación de los hechos, a veces es más poderoso el sentimiento positivo al agresor, por lo tanto, retractarse de lo dicho, lleva a encubrir sentimientos negativos.

En este punto, si bien la parte judicial no determina el proceso de recuperación, es importante estar consciente de la ambivalencia y resolver la disparidad de sentimientos a través del dialogo.

Al resolver la ambivalencia, es posible comprender que las emociones van enfocadas hacia los hechos y que se tiene control sobre lo que piensa y siente. No habría culpa por querer a su agresor, y no habría culpa por sentir ira por la agresión.

El miedo

El miedo es otra de las emociones que envuelve a las víctimas de delitos sexuales. El miedo puede ser quizás la primera emoción que siente la persona al verse sometida a una situación de abuso sexual.

Sabemos que el miedo es una reacción natural ante una situación de peligro. Pero el miedo puede ser incapacitante, puede desencadenar alteraciones significativas, en especial si el evento al que se enfrenta sobrepasa la capacidad de afrontamiento.

El miedo debilita, el miedo hace que se actúe de formas que nunca se habrían imaginado, las personas saltan vallas o alambrados, o tienen reacciones que creen vergonzosa, o, al contrario, el miedo puede hacer que no se reaccione ante la situación por el congelamiento.

Pero el miedo continúa después de que la agresión ha pasado. El miedo continúa apareciendo en forma de pesadillas, en recuerdos. También puede impactar el funcionamiento, por ejemplo, cuando el abuso viene de agresores desconocidos, la persona puede tender a evitar salir o a tener contacto social.

El miedo actúa diferente, cuando el agresor está en el medio familiar. ¿Cómo se siente un menor que ha sido aterrorizado en su propia casa, en su propia habitación, en el único lugar que debe ser 100% seguro para una persona?, ¿dónde va a sentir seguridad? ¿dónde va a sentirse protegido o protegida?

El abuso sexual lleva al sobreviviente a generalizar en muchos casos el miedo como inseguridad, falta de confianza o incapacidad para encontrar un entorno protector.

El primer paso para superar el miedo, es instaurar elementos de protección, desde un sano distanciamiento de lo que genera peligro, en muchos casos, cuando es posible, tomar distancia del agresor.

Sin embargo, aunque los elementos básicos de seguridad estén garantizados. Los problemas de confianza e incluso autoconfianza pueden permanecer en el sobreviviente.

Los sobrevivientes tienen muchas razones para justificar que el mundo es un lugar inseguro, que no hay personas en las que se puede confiar, e incluso tienden a juzgar sus propias capacidades para tomar decisiones, para reconocer el peligro, para saber cómo actuar, para confiar en su intuición.

Los pensamientos se convierten en pensamientos de todo o nada. El objetivo principal en la resolución del miedo, implica reestablecer la confianza, y para restablecer la confianza es necesario resolver el pensamiento de todo o nada.

Este proceso es lento, porque implica la desestructuración, paso a paso, de toda la idea que se ha creado del mundo y poder empezar a comprender, paso a paso, como la confianza tiene muchos matices, incluyendo la confianza en sí mismo.

Podría ayudar la clasificación en un cuaderno, sobre los aspectos en la propia vida, en donde se siente con mayor confianza, por ejemplo, en preparar adecuadamente una comida, o en saber lavarse los dientes, y quizás menos confianza en preparar la forma para presentar los impuestos.

En esos elementos en los que se tiene menos confianza, ¿qué se puede hacer para incrementar esa confianza? por ejemplo, estudiar o leer más acerca de los impuestos o buscar ayuda de una persona que sabe hacerlo.

En este sentido, aplica igual para la toma de decisiones. ¿En qué momento me siento seguro y en qué momento no? y ¿cómo puedo hacer para sentirme más seguro tomando una decisión importante?

Existen diferentes grados de confianza, que pueden aplicarse a las personas, es decir, algunas personas no son confiables para cuidar niños, pero podrían ser confiables para arreglar autos, como a otras personas podemos confiar dinero, pero no le confiaríamos las llaves de la casa.

Se puede continuar con una descripción de los círculos de confianza cercanos, los cuales se profundizarán en el capítulo de la recuperación del poder. Pero que implica ubicar, diferentes niveles de confianza para clasificar a las personas a su alrededor.

Una vez se hayan acondicionado elementos de protección externa, seguridad y autoconfianza, el miedo dejará de cumplir una función incapacitante.

La tristeza

La emoción de la tristeza aparece también en víctimas de abuso sexual, a pesar de ser común en la mayoría de los problemas psicológicas, la tristeza en estos casos puede verse escondida por la ira o el miedo.

La tristeza se relaciona con la sensación de pérdida, la vulneración subsecuente a la agresión, la sensación de sentirse dañado.

La tristeza es la consecuencia de la valoración del momento como una pérdida. Y es que la tristeza es también una emoción natural y es funcional en el ser humano. Es una forma de reconectarse, de pensar, de restablecerse para volver a empezar.

Pero la tristeza que no es bien canalizada puede conducir a la depresión. La tristeza se puede intensificar con el tiempo, en especial cuando los recuerdos aparecen, y los pensamientos no paran de rondar la cabeza, en ¿cómo sucedió?, ¿por qué?, ¿que hice?, ¿ahora qué?, etc.

La depresión es un fenómeno que va llevando las emociones hacia el lado más oscuro y sin salida. Cuando la tristeza invade, pueden aparecer los pensamientos de suicidio, y como se había mencionado antes, es necesario buscar ayuda profesional, siempre que estos pensamientos no puedan controlarse.

La manera de recuperar el cuerpo de la tristeza, es a través de la comprensión de lo que se ha vivido, de una manera realista. Muchas veces se tiene la tendencia a juzgar el evento como un evento que inhabilita para toda la vida, por lo tanto, de sentirse destrozados, dañados.

Es normal que el abuso sexual afecte la autoestima. Sin embargo, es importante entender que un solo evento no define lo que somos. Hay muchos eventos en la vida que han sido positivos, pero que no se le ha dado el valor suficiente, porque la emoción no se ha valorado con un nivel de importancia tan alta, como es la tristeza.

Reestructurar esta idea es comprender que: la agresión sexual es solo una herida que necesita ser sanada y que es parte de la historia y no del destino.

Un ejercicio que pudiera ser positivo para la resolución de la tristeza, es practicar dar y recibir elogios, así como establecer actividades diarias para fortalecer autoestima, incluyendo actividades de autocuidado.

De la misma forma que practicamos higiene en nuestro cuerpo, también practicamos higiene emocional, dedicar un momento del día para nosotros mismos, para relajarnos, y desarrollar actividades que nos hacen felices.

Tercer Capítulo: Los límites y la recuperación del poder

En el abuso sexual los límites son vulnerados y la persona aprende de manera errónea a ser víctima.

Desde pequeños siempre se enseña la importancia de mantener distancia con los desconocidos, de aprender a cuidar su cuerpo, pero cuando ocurre una situación de abuso sexual, lo que se aprende es que no importa lo se haga, los límites personales pueden ser traspasados y se siente entonces, que esos territorios espaciales o corporales han sido violentados, y por lo tanto ya no existen.

Esto se traslada a otras áreas de la vida. Es común ver que una víctima de abuso sexual en algún otro momento de su vida sea víctima de otras agresiones, quizás a nivel sexual o quizás agresiones físicas o emocionales. Todo esto se facilita cuando el aprendizaje inicial que se ha instaurado, es aquel que implica que cualquiera podría traspasar los límites, solo necesita tener mayor fuerza o poder.

De la misma forma, está indefensión que se aprende tras un abuso, cambia la percepción de poder, es decir, es muy poco el control que se tiene sobre sí mismo, sobre su cuerpo y quizás sobre la vida en general.

Es difícil para un sobreviviente recuperar el poder sobre sí mismo y este depende también de la capacidad para establecer límites, los límites se basan en el nivel de confianza que otorgamos a otras personas, partiendo de la propia autoconfianza.

Si nosotros pensamos en cómo un niño o un adolescente e incluso adulto, que han sido objetos de abuso sexuales, entienden el poder y el control, nos damos cuenta que en ellos se ha instaurado esa sensación de incapacidad para establecer límites, porque las personas que debieron ser confiables, como personas de la familia o personas de autoridad, maestros o médicos, los agredieron sexualmente.

Si este sobreviviente no logró observar límites con esa persona, con la cual sería más lógico que existieran ¿cómo va a ser más fácil establecer en el futuro estos límites con un amigo, amiga, con la pareja, el trabajo, etcétera?

Igual puede presentarse cuando la agresión viene de un desconocido. Se traspasaron todos los límites, por lo tanto, estos se vuelven difusos y en ocasiones tienden a ser rígidos, para compensar esta debilidad.

Existen diferentes tipos de límites, existen personas con las cuales se puede sentir mayor confianza y puede otorgarse permisos para acercarse más. Por ejemplo, un sobreviviente puede sentirse cómodo recibiendo un abrazo de su madre, pero no sentirse cómodo recibiendo un abrazo del administrador en un supermercado.

Estos límites se van definiendo con el tiempo y pueden ser modificables. Si se imaginan los límites como círculos que rodean el cuerpo, se encontraran que los círculos más cercanos son las personas a las que se otorga mayor cercanía emocional o física, y se van estableciendo otros círculos que se van alejando en el nivel de confianza.

Un segundo círculo pudieran ser las personas a las que se confían actividades como trabajo, estudio o información. Luego en un círculo más distante personas a las que se confían reparaciones o la tarjeta a la hora de pagar.

Si el sobreviviente logra tomar un tiempo y escribir qué personas tiene en sus círculos más cercanos, a quienes tiene en el círculo medio, y a quienes, en el círculo más lejano, logrará entender que sí existen los límites y que en algún momento los está utilizando, pero que desconoce que tiene esa capacidad.

De igual manera, los límites en la familia también se establecen. El respeto en la familia implica que se aceptan las diferencias en el otro, pero también implica que los demás también pueden poner límites con nosotros. Un sobreviviente debe comprender y aceptar que merece respeto y que puede decidir sobre su círculo social.

Una vez los limites se establecen, la sensación de poder se reestablece. El poder implica reconocer que, aunque no se tenga control sobre algunos eventos, o sobre las reacciones de los demás, sí se tiene el control sobre las propias reacciones, sobre su propia percepción de los hechos y sobre sus comportamientos, incluyendo las decisiones.

Es importante recordar, que esta desconexión con los límites y el poder no solo ocurre a las víctimas de abuso sexual, también puede ocurrir a víctimas de otras situaciones traumáticas e incluso en una crianza que ha sido confusa. Pero particularmente un sobreviviente se puede sentir confundido en cómo funcionan los límites o si realmente funcionan.

La tarea entonces es aprender lo básico de la formación de límites, que incluye aprender a decir no, aprender a determinar a quién confiar información, a quién se le permite acercarse físicamente, entre otros. Y comprender que estos permisos que se le otorgan a las personas, pueden cambiar y modificarse continuamente.

Cuarto Capitulo: La sexualidad

Algunos creerían que la sexualidad sería el primer capítulo, en especial cuando se trata de abuso sexual, pero en realidad si tenemos una buena comprensión de la sexualidad, sabemos que es el conjunto de muchas acciones, que llevan a que la sexualidad, sea o no, plena.

Si bien, el abuso sexual ha violentado la intimidad de la persona, de manera física o de manera emocional, esto no implica que la sexualidad esté deteriorada. Para algunos sobrevivientes, el abuso sexual no ha acarreado conflictos en esta área.

Así como cada sobreviviente tiene diferentes reacciones ante un evento similar, lo mismo pasa con la sexualidad, su impacto varía de persona a persona.

La principal característica del abuso sexual, es que casi siempre ocurre en privado, no hay testigos, por lo tanto, la experiencia es única y quizás nadie nunca sabrá lo que realmente pasó.

Pero sabemos que esto permanece en los pensamientos y que, en la intimidad, es más fácil que resurjan estas ideas o incluso sensaciones de lo que sucedió.

En este sentido, hacer un buen análisis de los pilares que forman la comprensión propia de la sexualidad, puede ayudar en la sanación de esta área. Esto incluye, no solo la biología, sino la formación cultural, religiosa, las tradiciones, los valores, y la influencia del medio.

El cuerpo humano, en su sexualidad, ha sido diseñado para el placer, y algunas personas pudieron sentir placer durante la agresión sexual, aunque su cerebro pensará lo contrario. Puede traer sentimientos de culpa, pero hay que brindarles un nuevo significado a las sensaciones.

Puede ocurrir que el cerebro desconecte el placer y la sexualidad, y esto implica, que necesita reconectarse a través de la modificación de pensamientos. Si el cerebro, adopta nuevas formas de pensamiento, los comportamientos y las actitudes van a cambiar.

Éste hecho puede ocurrir en personas que rechazan todo contacto sexual, porque lo consideran desagradable. Estas secuelas incluyen la sensación de asco, de daño, negación, o evitación. Esto puede frustrar áreas importantes en la vida, incluyendo el establecimiento o mantenimiento de relaciones interpersonales.

Y es aquí en donde hablamos que las secuelas también quedan grabadas en la piel. La piel tiene recuerdos de las caricias, las agresiones o la ausencia de contacto en la negligencia. La piel es el órgano más grande del cuerpo, y también merece una atención especial, en tanto requiere de sanación física.

Un ejercicio que provee una reorganización de estas sensaciones negativas, son los baños conscientes. Bien sea una ducha de agua caliente, el uso de plantas aromáticas, productos especiales de SPA, o cualquier elemento que pueda utilizarse para borrar mentalmente, las huellas que han quedado en la piel.

Un baño consciente, implica que me permito a mí mismo, la posibilidad de limpiar la piel de los malos recuerdos. Se utiliza el pensamiento mágico para facilitar la curación, para convencerse a sí mismos, que vas a borrar de tu piel, las sensaciones, huellas, dolor, e incluso placer, que no quisiste sentir.

Contrariamente a lo anterior, algunos sobrevivientes desarrollan un deseo descontrolado de repetición de las conductas sexualizadas, estos son muy comunes en los delitos sexuales a temprana edad, es especial cuando ocurren antes de la pubertad.

Esto se puede atribuir, a la desconexión de la mente o la conciencia y el cuerpo, en otras palabras, como la dificultad para pensar antes de actuar. De esta manera, el placer se convierte en instintivo y no en un placer procesado.

Para entenderlo, podemos pensar que los niños en general quieren comer comidas azucaradas, por la sensación de placer que genera; los padres o cuidadores deben ayudarles a comprender que existen ciertos requerimientos que limitan el placer, especialmente si esto afecta a otros, a la salud física, o mental.

Igual pasa con la sexualidad, puede desbordarse el deseo de repetir una sensación, y se espera que sus padres o cuidadores, puedan explicarles la limitación de igual manera.

El ejercicio de los baños conscientes, también puede ayudar en la reconexión corporal, a través del reconocimiento de la piel, como un órgano que guarda memorias. El pensamiento mágico en los niños tiene un poder especial si es utilizado adecuadamente. Y sin entrar en muchos detalles, también los adultos tienen muchas creencias en eventos mágicos que prevalecen, y ¿por qué no utilizarlos para la propia recuperación?

En cualquier caso, es importante monitorear cambios, para saber si se requiere ayuda profesional, con el fin de evitar que la persona sea víctima de nuevos abusos o pueda agredir sexualmente a otros.

Otro elemento esencial es el dialogo. En todos los casos, donde la sexualidad se ve afectada, es necesario hablar abiertamente, desde los miedos, desde la angustia o la ansiedad. Bien sea con los padres, amigos, la pareja, el médico o un terapeuta. Siempre y cuando esta persona genere confianza y pueda brindar el apoyo que se requiere.

Debe reconectarse con todas las áreas que implican la sexualidad, incluyendo la aceptación, los límites, el autocuidado, las emociones, y la seguridad.

De igual forma, si la agresión ocurrió en la infancia, se desarrollan ideas erróneas sobre la sexualidad, la victimización, la pornografía, la cosificación del cuerpo, y la falta de control, deben de ser resignificadas. No es justo para un niño comprender la sexualidad, como se muestra la pornografía.

La sensación del cuerpo, del placer y el deseo, se deben comprender de una manera diferente, en forma evolutiva, como un resultado la comprensión de las relaciones interpersonales, incluyendo elementos importantes como el consentimiento.

De la misma manera que nuestro cuerpo va evolucionando, hasta llegar a la adultez, la sexualidad también tiene un proceso, y ese proceso no solamente incluye cambios físicos sino cambios a nivel cognitivo, es decir, en la manera cómo aprendemos o comprendemos la interacción con los demás.

Cuando en el abuso sexual infantil, se saltan estas etapas de desarrollo sexual, es necesario reeducar.

Este proceso no dista mucho del adulto, aunque su desarrollo evolutivo es diferente, también es necesario resignificar el concepto de la sexualidad.

Hombres y mujeres que se han enfrentado a eventos de abuso sexual, tienden a separar la sexualidad de las emociones y los pensamientos, además de muchos otros factores, como el género, la familia, la cultura, entre otros. Otros pueden asociarlo a sentimientos negativos como culpa, miedo, vergüenza, dolor, ira, etc.

Es necesario entonces comprender y reconectar la sexualidad, como consecuencia de una sanación integral.

Si bien, el objetivo en la recuperación de la sexualidad no implica que la persona se vuelva activa sexualmente, sino que implica que pueda tener una aceptación de su sexualidad y una interacción armónica con sus pensamientos, entendiendo que esta desconexión puede ser problemática.

Algunos sobrevivientes presentan otros conflictos, por ejemplo, se enfrentan a la confusión en la identidad, en especial cuando son agresores del mismo género. Este proceso debe acompañarse, con el fin de facilitar la propia exploración de identidad, evitando que sea consecuencia del evento traumático y no en la propia formación individual.

En otros casos, el sobreviviente presenta miedo de agredir a otros, y aunque parezca extraño o avergüence decirlo, también es común en sobrevivientes de abusos sexuales. Este miedo parte de la pérdida de poder y la desconexión de la sexualidad con el control cognitivo. Si este temor es recurrente, es importante recibir ayuda profesional, para poder retomar el control sobre el instinto sexual.

En general, aunque sea doloroso, aunque exista vergüenza o frustración, es necesario abordar las consecuencias en la sexualidad durante el proceso de recuperación, y poder comprender de manera integral, cómo funciona una sexualidad sana.

Existe literatura acerca de la sexualidad, en la que puede encontrarse ayuda para niños, adolescentes o adultos, pero lo más importante en esta etapa del proceso de recuperación, es reconectar la función sexual corporal y la función cognitiva que incluye emociones, límites, poder como ya se ha señalado antes.

Quinto Capitulo: Sobre la empatía

Los seres humanos nos formamos con base en el apego, el apego implica la primera conexión que tenemos con nuestros cuidadores, desde allí entendemos que pertenecemos a una sociedad, que podemos ser protegidos y cuidados, que podemos confiar que podemos tener relaciones sanas y que podemos enfrentar las dificultades siempre y cuando tengamos un respaldo.

Cuando existe un evento que vulnera nuestra confianza, esa conexión con la sociedad, el sentido de comunidad, la protección que tenemos entre todos, empieza a desvanecerse. Al desvanecerse empezamos a generar una desconexión con la protección que tenemos hacia los demás, este cuidado lo conocemos como empatía.

La empatía no es una emoción instintiva, la empatía es una construcción social, que implica pensar, sentir y actuar coherentemente en conexión con los demás. Esto ayuda a comprender las emociones de los demás y actuar en concordancia. Con el dolor, la ira, el miedo, pueden aparecer una disminución en la empatía.

La pérdida de la empatía puede ser una seria condición, en la prevención del desarrollo de agresiones. Algunos estudios han mostrado cómo la empatía se ve disminuida en casos de asesinos seriales, por ejemplo, porque en estos casos no hay una conexión con el dolor del otro, con el sentir del otro.

Pero no hace falta ser un asesino para actuar con falta de empatía. Nos puede fallar la empatía cuando no somos capaces de leer o de inferir los sentimientos del otro.

Por ejemplo, en una relación interpersonal sea de amigos, de pareja o de familia, se necesita contar con empatía, se necesita comprender, anticipar, o inferir, porque no todo está expresado en la comunicación.

Para algunos sobrevivientes su dolor ha sido tan grande, que los problemas de los demás parecen pequeños o insignificantes, esto es puede ser un inicio de la disminución en la empatía.

Algunos adultos que han sido sobrevivientes, se tienen que enfrentar a un abuso sexual que viven sus hijos, pero sorpresivamente, cuando estos padres que han atravesado una situación similar, debieran de entender mejor la situación de su hijo, al contrario, se muestran distantes, fríos, pueden expresar que ellos "también vivieron lo mismo y están bien", "que no es para tanto".

Esto puede ser interpretado por los hijos, como una falta de apoyo, pero puede ser entendido como el adulto como una motivación para seguir adelante. Lo cierto es que también demuestra falta de empatía.

La empatía, como muchas partes en el proceso de recuperación, se debe hacer evidente, se debe conocer para poder modificar. Al empezar el proceso de recuperación es necesario comprender en qué aspectos de la vida se ha dejado de ser empático, en que momentos se ha perdido la conexión con los sentimientos de los demás, y cuando se necesita empezar a reconstruir la empatía.

Ser consciente del cambio en la interacción con los demás, es necesario para monitorear la empatía, darse cuenta de la reacción que se tiene ante el dolor del otro, la capacidad para escuchar, comprender y ayudar. En niños y adolescentes, la empatía se entrena a través de pequeños ejercicios que ayudan a leer las intenciones, los comportamientos y las emociones de los demás.

Existen muchos entrenamientos en empatía que se han utilizado para diferentes tipos de población, el uso de estos entrenamientos puede ayudar a completar el proceso de recuperación y son un excelente mecanismo de cierre para el proceso terapéutico.

Sexto Capitulo: El proceso legal

Este capítulo puede obviarse en los sobrevivientes que no se enfrentan al proceso legal, bien sea porque ya ha pasado, o porque no aplica denuncia. Sin embargo, en la mayoría de los casos de abuso sexual, el componente legal es evidente, porque se trata de un crimen.

Muchos de los casos llegan a tratamientos a partir de una denuncia legal, otros casos durante el tratamiento deciden presentar una denuncia, algunos son enviados a tratamiento, como reparación cuando ya se ha resuelto la parte legal; y como ya no lo habíamos mencionado, hay algunos casos de los cuales nunca nadie se enterará.

Es normal esperar que, durante el proceso jurídico, el sobreviviente se enfrente a la descripción del abuso sexual, en tres ocasiones. Una entrevista inicial, donde se pregunta el tiempo, modo y lugar de los hechos. Esta es, por lo general una entrevista individual, durante las horas siguientes a la presentación de la denuncia. Una segunda entrevista puede hacerse por parte de personal de protección social, para determinar si existen situaciones de riesgo, que requieren atención inmediata. Es común en casos de menores de edad.

La tercera descripción de los hechos, es usualmente en la audiencia de juicio, donde el sobreviviente debe narrar lo sucedido, delante de un juez, quien tomará una decisión final.

Pero no siempre, esta descripción de los hechos, ocurre de la misma manera. En ocasiones, el sobreviviente, se ve enfrentado a numerosas entrevistas, incluyendo el personal de la escuela, el médico, el abogado, sin nombrar familia o amigos fuera del proceso legal.

De esta manera, hay algunas formas de concebir el proceso jurídico. Inicialmente puede convertirse en una pesadilla para el sobreviviente y la familia, no solamente por la presentación continua de declaraciones, sino también en algunos casos, porque la sociedad juzga de manera inmediata a la víctima.

En algunas ocasiones la víctima o el sobreviviente, si es menor de edad, no tiene las condiciones suficientes para explicar con claridad lo que ha sucedido, y no porque no haya sucedido, sino porque su edad de desarrollo no se lo permite.

A veces los adolescentes o adultos tienen la plena capacidad de explicar lo que sucedió, pero la afectación emocional, la condición traumática, o la crisis, lleva a que su testimonio no suene tan claro y coherente. Esto implica, que deben repetirse algunas entrevistas.

Nuestros sistemas judiciales tienen que cambiar para favorecer a los sobrevivientes, pero aún se observa como el área legal se convierte en una lucha por ¿quién dice la verdad? o ¿quién tiene más argumentos para demostrar lo que sucedió? Estos señalamientos se hacen más intensos si el agresor es una persona importante en el medio.

En general, el proceso jurídico después de la denuncia, puede ser lento y los resultados, a veces no son los esperados, en especial porque son eventos que ocurren en privado y tienen muy pocos o ningún testigo.

De otro lado, la familia cumple un rol importante en el manejo de las condiciones legales, pues son quienes brindan el apoyo y acompañamiento; pero si el agresor es parte de la familia, es inevitable que la familia sufra grandes y graves cambios, esto incluye, otras condiciones legales, por fuera de la atención al crimen.

Por ejemplo, si el agresor está en la familia, pero la madre no quiere separarse, a veces el sobreviviente, si es menor de edad, tiene que quedarse bajo custodia del gobierno, en hogar sustituto o en residencias de protección. Todo esto implica vinculación legal y cambios traumáticos, tanto para el sobreviviente como para la familia.

En otro caso, si el agresor está en la familia y la madre decide separarse, esto implica que además del enfrentamiento legal, también se enfrente a otros problemas como cambio en las condiciones habitacionales, custodia, cambios económicos, además de reacciones de otros miembros de la familia.

Si el sobreviviente es adulto, su decisión de continuar en la familia o buscarse un nuevo lugar para vivir, implica también grandes cambios.

Toda implicación legal puede ser abrumadora para el sobreviviente y su familia. El proceso jurídico puede empeorar los síntomas emocionales en el abuso sexual.

Pero no todo es negativo, la denuncia ha sido mencionada como un elemento terapéutico, porque ayuda, en algunos casos, al sobreviviente a reconocer la importancia de la justicia, la reparación y las consecuencias.

Existen otros casos en donde la sanción judicial genera alivio en la familia y en el sobreviviente. La sensación de justicia ayuda en la recuperación, porque se reconoce a la víctima como persona que merece respeto y que merece igualdad.

Las declaraciones, los testimonios, las entrevistas, todo lo que implica el proceso de investigación, pueden formar parte del proceso de recuperación, siempre y cuando el sobreviviente reconozca que está dejando salir todos estos sentimientos, emociones, estrés, información o secretos, a la luz.

Los secretos hacen mucho más daño a nivel psicológico porque limitan a la persona en su libertad, cohíben la comunicación, por lo tanto, una expresión abierta y directa de los hechos, incluso ha sido comprobada que ayuda a la superación del trauma.

Si lo pensamos bien, cuando un evento tiene alto impacto emocional, lo contamos la primera vez con detalles. Esta primera vez está cargada de emociones y se puede incluso, sentir lo mismo que cuando sucedió el hecho. Sin embargo, cuando se habla una y otra vez, y otra vez, estos eventos van perdiendo la emocionalidad que tenían al principio.

Implica entonces, que la condición traumática va disminuyendo, porque pierde el componente emocional. Esto puede sonar difícil de creer, pero cuando todo está enmarcado dentro del proceso de recuperación y cuando se sabe hacia dónde va, se puede cumplir el objetivo.

Sin embargo, la intención en este capítulo, es que los sobrevivientes puedan comprender que el proceso de recuperación y el desenvolvimiento legal son diferentes. Los resultados del proceso legal, no son el pilar fundamental en la recuperación de del sobreviviente, ni en su condición, pero se pueden utilizar de manera positiva, si es el caso.

En muchos lugares, tardan años en completar el proceso jurídico, y la víctima no puede esperar a que se resuelva el proceso judicial para iniciar su proceso de curación.

E incluso, aun cuando el agresor esté en la cárcel o ya no exista, las condiciones emocionales permanecen o reaparecen después de un tiempo.

Para ilustrar la necesidad de separar ambos procesos, se puede mencionar la presencia de la ambivalencia afectiva. Como se explicó en otros capítulos, cuando el agresor es el padre o la madre u otra persona significativa, el sobreviviente se siente confuso acerca de su deseo o no de que esta persona cumpla una condena.

En muchos casos las personas no quieren que su agresor vaya a la cárcel, algunos sobrevivientes deciden retractarse de lo dicho, para evitar que el agresor sea retirado de la familia. Pero ¿y la propia recuperación? Tan solo negar los hechos o retractarse, no implica que todo está resuelto.

Aunque es importante atenderlos y cumplir con lo que es respectivo, el proceso de recuperación va más allá de lo que determine una audiencia o de lo que determina un juez.

El proceso de recuperación implica las condiciones de emoción, límites, poder, sexualidad, y en general conocimiento que el sobreviviente desarrolle sobre sí mismo o sí misma, y su capacidad para enfrentar nuevos abusos u otras vulneraciones.

En resumen, el área jurídica tiene muchas connotaciones positivas y negativas, pero sin importar la condición que esto implique, el proceso de curación continúa y puede ser alcanzado sin necesidad de depender de la condición legal.

Consideraciones Finales

El abuso sexual puede generar consecuencias en otras personas cercanas al sobreviviente, como miembros de la familia, e incluso, puede generar secuelas en profesionales que brindan atención a los sobrevivientes, como terapeutas, personal médico o policial.

Esto es lo que se conoce como victimas secundarias en caso de la familia o trauma vicario en el caso de los profesionales.

Esto lleva a dos conclusiones. La primera es que el sobreviviente, debe de revisar con cuidado a quién va a contarle su historia y cómo va a narrarla, para no generar otras afectaciones en personas cercanas.

Por ejemplo, si un sobreviviente, cuenta su historia a sus amigos, esto puede generarles afectación como pesadillas o estrés relacionados con el hecho. Por lo que se sugiere, que la revelación se de en un contexto terapéutico, con profesionales que puedan no solo, brindar ayuda, sino también, que sepan manejar la información recibida.

Lo segundo, es que los profesionales, familiares, o personal de apoyo, que brindan asistencia a los sobrevivientes, deben realizar una autoevaluación constante para determinar, el nivel de impacto que reciben y la necesidad de higiene emocional.

Por ejemplo, personal de apoyo en unidades judiciales, pueden utilizar estrategias de afrontamiento como actividad física, pero si es necesario pueden recibir apoyo psicológico para manejar el estrés.

También es importante mencionar, que los procesos de recuperación, requieren de reconocer, que existen otras personas en la misma situación, por lo que se recomienda, el trabajo en grupos de apoyo, o grupos terapéuticos si es posible.

Si no existe un grupo terapéutico acorde a la edad o la situación, se pueden utilizar otras referencias como la terapia a través de los libros o grupos de apoyo online. Esto facilita la comparación positiva con el éxito de otros y desarrolla sentimientos de colaboración y por lo tanto de empatía.

Finalmente, es entendible que existan muchas más preguntas sobre el proceso de recuperación y todo lo que ocurre en los eventos de abuso sexual. Pero no se pretende cubrir todo lo que implica el impacto y la recuperación en general, ya que cada caso es un universo, y merece ser analizado individualmente.

Conclusión

La recuperación es posible y puedes tener una vida maravillosa.

Abril, 2023